인/생

성경식 제5시집

인 / 생

문경출판사

시인의 말

신은 계시는가 하는 의문을 품는
사람들이 있을 것입니다.
그러나 신께서 존재하시기에
절망을 희망으로 바꿀 수 있고
슬픔을 기쁨으로 바꿀 수 있습니다.
미움을 사랑으로 바꿀 수 있고
불행을 행복으로 바꿀 수 있습니다.
뜻이 있는 곳에 길이 있다고 하듯이
신을 향한 믿음으로 뜻을 세워
준비된 사람으로써 자기 앞에 다가오는
행운을 차지하며 기쁨 가득
복된 날들이 되시길 기원합니다.

2024년 8월

성경식

차례

■ 시인의 말 · 9

제1부
17 · 행복한 미소
18 · 너와 나의 존재
19 · 사람과 나무 · 1
20 · 사랑의 꽃 평화의 꽃
21 · 달을 보며
22 · 노래 교실에서
23 · 별을 보며
24 · 3.1운동 · 1
25 · 성당의 무지개
26 · 꽃 피는 오월은
27 · 장례식장에서
28 · 사람만이 희망입니다
30 · 사랑의 길
31 · 사랑을 하면은
32 · 설날
33 · 별과 나
34 · 삶의 희망
36 · 청산을 그리며

제2부　　39 · 고운 정 미운 정
　　　　40 · 어머니
　　　　41 · 천당 길
　　　　42 · 어버이의 정
　　　　43 · 천국에 가는 삶
　　　　44 · 새싹은 피어나고
　　　　45 · 사람들 마음
　　　　46 · 행복의 나무
　　　　47 · 아버지의 사랑
　　　　48 · 반달
　　　　49 · 가을의 노래
　　　　50 · 파도여 노래 부르자
　　　　51 · 하늘나라 가는 길
　　　　52 · 하늘 엄마시여
　　　　53 · 성 요셉 성인이시여
　　　　54 · 아침 이슬
　　　　55 · 사랑과 미움
　　　　56 · 다른 사람의 좋은 점을 보시오

제3부	59 · 조국의 별이시여
	60 · 청춘찬가
	61 · 아름다운 세상
	62 · 향수에 젖어
	63 · 인생 여정 길
	64 · 당신을 알고부터
	65 · 산바람 강바람
	66 · 한라에서 백두까지
	67 · 축복의 땅 대한민국
	68 · 아름다운 대한민국
	70 · 깨닫게 하소서
	71 · 수호천사시여
	72 · 참된 행복
	73 · 한밭수목원
	74 · 3.1운동 · 2
	75 · 사랑할래요
	76 · 천당과 지옥
	77 · 하늘 나그네

제4부　81 · 인생
　　　　82 · 좋기도 좋을씨구
　　　　83 · 희망의 나래를 펴요
　　　　84 · 남과 북이여
　　　　85 · 하느님의 작품
　　　　86 · 행복한 2024년을 그리며
　　　　87 · 고통의 선물
　　　　88 · 십자가의 길
　　　　89 · 이별
　　　　90 · 현충원에 묻힌 넋이여
　　　　91 · 나의 어머니
　　　　92 · 감사하는 삶
　　　　93 · 사람이 산다는 것은
　　　　94 · 행복한 영혼
　　　　95 · 갈마 공원에서
　　　　96 · 매괴의 여왕이시여
　　　　97 · 하늘가는 인생길
　　　　98 · 누구라도 그러하듯이
　　　　99 · 배려하는 삶

제1부

행복한 미소

너와 나는 우리가 되어
미소 띤 얼굴에는 삶의 여유가 묻어 나오네
잔잔히 미소 띤 얼굴로 그 누군가를 바라보면
삶의 희망 되어 기쁨이 넘쳐흐르고
너와 나 서로를 향해 살포시 피어나는
긍정어린 마음은 마주보는 사람들에게
희망을 선사하여 좋은 세상으로 가는
인생의 에너지
희망은 앞으로 나아가는 것
절망은 과거에 머무르는 것
희망은 사랑 안에 머무르는 것
절망은 미움 안에 머무르는 것
미소 띤 얼굴로 낙천적인 삶의 에너지를 받아
꿈을 꾸고 꿈을 먹으며 살아가는
우리의 이웃 행복한 사람들이기에
행복한 미소는 꽃처럼 피어납니다.

너와 나의 존재

모래알처럼 사람 물결 넘실대는
이 세상에서 이런저런 사람들과
어깨를 비비며 어우러져 살아가는 세상사
다른 사람들과 인간관계를 하며
느낌으로 다가오는 그리운 우리의 마음
왠지 모르게 다가가고 싶은 사람
왠지 모르게 다가가기 싫은 사람
왠지 모르게 부담 없는 사람
왠지 모르게 부담스러운 사람
부질없는 인생살이에 이왕이면
너와 나 부담 없이 가까이 다가가며 살아가세
하늘에서나 땅에서나 너그러운 사람은
복을 받게 되리니.

사람과 나무 · 1

천지창조 때부터 사람과 나무는
뗄레야 뗄 수 없는 불가분의 관계이어라

하느님께서 인간을 너무나 사랑 하신 나머지
이 땅위에 나무를 자라게 하신 크나큰
하느님의 축복과 선물이기에
그저 감사할 따름이어라

나무가 없다면 사람들은 이 땅 위에서
어찌 살아 갈 수 있으리오

나무야 나무야 고마운 나무야
사람들을 위해 산소에너지를 내뿜어주는
네가 있기에 사람들 마음에는 진진 초록 빛깔의
파란 마음이 깃들고 대자연을 찬미하며
감사하는 마음으로 산과 나무를 향해
다정스레 꽃 웃음 짓는다오
사람들 마음속에는 언제나 푸르른 나무들이
숨을 쉰다오.

사랑의 꽃 평화의 꽃

꽃을 피워요. 꽃을 피워요
남북이 총칼을 맞대고
으르렁 거리는 이 땅위에
평화의 꽃을 피워요

꽃을 피워요. 꽃을 피워요
동서가 미움의 갈등으로
마음의 문을 닫고 있는 이 땅위에
사랑의 꽃을 피워요

반만년이 넘는 기나긴 역사를 지닌
위대한 우리 민족의 크나큰 저력으로
남북이 하나 되고 동서가 하나 되어
세계 속에 우뚝 솟은 우리 대한민국이
되기를 마음 모아 기도하며 힘을 모아요
사랑의 꽃을 피워요
평화의 꽃을 피워요.

달을 보며

온 누리가 적막이 싸여
바람도 구름도 잠들은 밤에
사람 물결 넘실대던 거리에는
인적이 끊겨 외로움에 젖어 들고
밤하늘을 밝혀주는 고천가 둥근 달만
덩그러니 떠있네
둥근 달을 바라보면 마음속에는 어느 샌가
고향 하늘을 그리는 어린 시절 달그림자가
눈가에 아른아른 자리 잡고 밤길 떠나는
길손은 밤바람에 취해 동녘 하늘 찬란한 해를
기다리는 쓸쓸한 밤이어라
아무리 밤바람이 차갑다 해도
아무리 인생살이가 힘들다 해도
둥근 달을 바라보며 희망에 젖고
내일 날의 여명을 꿈꾸는 밤이어라

달아 달아 밝은 달아
어둠 속에서 길 잃고 방황하는 나그네에게
희망의 길을 밝혀다오.

노래 교실에서

오늘은 노래를 부르러
노래 교실 가는 날

노래가 좋아서 함께 모인 사람들 모습은
온갖 근심 걱정 떨치우고 흥겨운 장단에 맞춰
노랫소리는 빈 가슴을 적시네

얼씨구 좋다 지화자 좋다
들려오는 풍악소리에 무겁던 마음에는
신명이 절로 나고 목청껏 불러대는
노랫가락은 수많은 우리네 사연을 싣고
정겨움 되어 귓가에 스며드네

울고 웃는 인간사에 애절한 트롯 노래는
사람들 마음속을 위로에 젖게 하고
어느새 어머니 품안에 안기듯
인생을 노래하는 사람들 모습
노래는 사람들의 친구 되어
사람들 마음을 행복으로 이끄네.

별을 보며

깊어가는 가을밤 쓸쓸한 밤에
고천가를 수놓은 수많은 별들 중에
유난히 초롱초롱 빛나는 별 하나가 나를 본다
나와 무언의 대화를 나눈다

별을 바라보면 그 옛날 고향 하늘 아래
풀밭에 누워 귀뚜라미 울음소리 들으며
밤을 새워 불알친구들과 얘기꽃을 피우던
추억거리가 주마등처럼 뇌리를 스쳐 지나가고
어느새 별들과 벗이 되어 입가에는 은은히
가을밤을 노래한다

별아 별아 고운별아
이슥하고 적막한 밤이 지나고
새벽 동이 뜰 때까지 가을밤 그리움을 안고
소슬한 낭만에 취해 보자꾸나.

3.1운동 · 1

1919년 기미년 3월 1일에
악랄하고 치가 떨리던 일제의 강점기
핍박에 맞서서 대동단결하여 태극기를
손에 손에 들고 목이 터져라 대한 독립 만세를
외치던 그 날의 함성 소리가 아직도 아스라이
귓가에 들리는 듯 살아 숨 쉬네

강제로 약소국가로서 나라를 빼앗긴 설움으로
한 목숨 조국을 위해 바치러 온 겨레가 들고 일어나
죽기를 각오하고 독립운동을 하던 눈물 목소리는
하늘까지 다다르고 영원토록 꺼지지 않는
불꽃이 되어 역사 속에 민족혼으로 남아있는
위대한 3.1운동이여
겨레여 동포여
역사 속에 진진한 3.1운동 정신을 계승하여
맘 하늘에 희망의 나라를 꿈꾸며
일심 단결하여 세계 속에 우뚝 선 위대한
대한민국을 건설하세
하늘이 내려 주시는 축복의 기운을 받아
대한민국이여, 영원토록 번성하세.

성당의 무지개

주님 집에 오를 때마다
계단 위에 피어있는 일곱 색깔 무지개
아름답고 찬란한 자태로
오가는 사람들 눈길을 사로잡는 저 무지개는
하늘이 보내주신 일곱 색깔 고운 무지개
동녘에 떠 있는 찬란한 태양은 가슴 속에도
피어오르고 무지개를 밟으며 계단을
오르내리면 주님이 주신 아름다운
자연을 찬미하노라
무지개를 바라보면 코흘리개 시절
고향 하늘이 그리움 되어 붉게 타오르고
영혼의 맑은 숨소리는 비단 하늘까지
스며들어 주님이 지어내신 온 세상에 아름답게
찬미 노래 울려 퍼진다.

꽃 피는 오월은

오월은 파란 청춘의 계절이기에
계절의 여왕답게 꽃도 피고
새도 울고 사람들 마음 안에도
젊음이 역동한다
꽃 피는 오월은 아름다워라
새들이 노래하는 오월은
산에도 들에도 사람들 마음에도
희망 가득 파릇파릇 생명이
살아 숨 쉬고 봄의 연가 소리 울려 퍼진다
오월의 하늘 아래에서
푸르런 꿈을 꾸고 몸은 황혼을 향해
흘러가도 마음은 언제나
십팔 세 청춘으로 꽃은 피어난다
꽃 피는 오월은 아름다워라.

장례식장에서

지상에서의 파란만장한 인생길 휘돌아
천당과 지옥의 갈림길에서 애달픈 심정되어
하느님의 심판대에 서는 그날이네
무거운 삶의 짐 훌훌 털고
마음도 홀가분히 떠나는 길에 이승에서의
아쉬운 정이 미련에 남아 가는 길을 막아서네
한 줌의 흙으로 이 세상에 와서
다시금 한줌의 흙으로 저 세상으로 뒤돌아 가는 길에
육신의 무거운 몸 벗어 던지고 영혼을 깨워
하늘나라에 들어가고픈 망자의 모습
이 세상에서의 많은 후덕을 아름답게 베풀던
좋은 추억들을 한올한올 꺼내들고
생명의 책을 펼치며 천상 낙원을 그리워하네.

사람만이 희망입니다

돌고 또 도는 세상살이
굽이굽이 흘러가도
하느님을 닮은 모상으로 태어나서
천상을 그리워하며 모든 피조물 중에
으뜸으로 살아가는 사람 사람들
사람만이 희망입니다

멀고 먼 세상길을
그리운 사람들과 사랑으로
어깨를 기대고 동행하며 가는 길에
너와 나는 우리가 되어
아름다운 세상을 만들어가는 사람 사람들
사람만이 희망입니다

하느님께서 흙으로 정성스레 빚어진
고귀한 작품인 사람들이기에
날마다 하늘을 우러러 감사드리며
진리의 빛을 향해 뛰고 또 뛰어
열심히 살아가는 사람 사람들
그러기에 사람만이 희망입니다

사람 사람마다 모두가 귀한 존재이기에
사람들에게 희망을 두고 사람들을 사랑합니다.

사랑의 길

사랑의 길은 모든 사람들이
마땅히 살아가야 하는 길
사랑의 길은 천국의 길
사랑의 길은 소망의 길
사랑의 길은 믿음의 길
사랑의 길은 겸손의 길
사랑의 길은 은총의 길이기에
사랑의 길은 언제나 행복한 길이라네
하느님은 사랑이신지라
사랑 없이는 하느님을 느낄 수 없고
사랑 없이는 천당에 못 들어가는
너무나도 소중한 우리의 사랑
그러기에 사랑 없는 세상은 얼마나
삭막한 곳이련가
사람아 사람아
두려운 마음으로 나그네 생활을 하는 이 세상에서
하느님과 이웃을 사랑하며
기쁨과 평화만이 넘치는 천국 낙원을 그리워한 채
사랑의 길을 걸어가세
하늘나라에서 영생의 즐거움을 누리세
사랑은 언제나 사람들을 오라 부르네

사랑을 하면은

사랑아 사랑아 고운 사랑아
사랑아 사랑아 아름다운 사랑아
주는 사랑도 받는 사랑도
사랑은 모두 만족함을 얻으리
사랑은 모두가 좋은 것
사랑을 하면은 몸과 마음 모두가
예뻐진다네
사랑을 하면은 천국과 가까워지고
미워하면 지옥과 가까워지는
삶의 이치요 진리인 것을

사랑을 하면은 꽃이 핍니다
사람과 사람을 이어주는 사랑꽃이 핍니다
사랑을 하면은 꽃이 핍니다
너와 나는 우리가 되어
행복 꽃이 핍니다
오늘도 사랑을 하면서
건강하게 살아갑니다.

설날

우리 민족의 고유명절인
정월 초하루 설날이 다가왔네
낯설은 타관에서 정든 고향을 떠나
가슴 속에 향수를 간직하고
지내던 사람들이 정성어린 선물꾸러미를
두 손에 가득 들고 보고픈 부모형제 만나러
고향집을 찾아와서 가가호호
기쁨 가득 웃음꽃 피네
큼지막한 가마솥에 맛있는 음식을 만들려고
군불을 지피고 도끼날 서린 마른 장작불이
활활 타올라 언 손 녹이며 도란도란 모여
정겨웁게 혈육 간에 재밌는 얘깃거리로
사랑을 나누는 풍요로운 설날의 모습이어라
색동옷이 입고 싶었어라
하이얀 고무신이 신고 싶었어라
그 옛날 향수에 젖은 마음은
수많은 세월이 흘러가도 바람에 실려
구름을 타고 고향 하늘가를 맴도네
아름다운 추억되어 가슴 속에 남아있네.

별과 나

어둑어둑한 밤하늘에 빛나는
별을 본다 하늘을 본다
하느님께서 창조하신 수많은 별들 중에
유난히 초롱초롱히 나를 바라보는 별 하나
자그만 창문가 틈새를 비집고
나를 감흥에 젖게 하는 저 별은 동녘하늘가
아침이 밝아 찬란한 햇살이 떠오를 때까지
나와 벗되어 나를 반겨주리라
이 밤이 다가도록 생긋 생긋이 나에게
미소를 건네주는 저 별 때문에 기쁨에 겨워
그리움을 가슴에 안고 다시금 꿈나라로 향하면
수많은 별들의 무리와 함께
어느덧 신 새벽을 맞으며 잠에서 깨어나는
나의 영혼이여!
별들의 그리움이여!

삶의 희망

사람아 사람아
덧없는 인생길 가는 길에
세찬 비바람이 몰아쳐도 괴로워마오
때가 되면 하늘이 굽어보사
우산을 받쳐 주리니

사람아 사람아
칼날 바람이 불며 폭풍설이 매섭게
휘몰아쳐도 노여워마오
하늘이 정하신 때가 되면 찬란한 햇살이
땅을 향해 미소 짓는다오

긍정어린 희망은
절망을 이기는 법
긍정어린 마음은
아픔을 이기는 법
마음이 모질게 아파와도
슬픈 장마울음이 그치면 영롱한 태양이
웃음 지며 반겨 주리니

사람아 사람아

하늘 향해 희망의 나래를 활짝 펴고
하늘 높이 훨훨 날아보시구려.

청산을 그리며

푸르런 산 푸른 생명의 숨소리가
산사람들 가슴을 파고드는 신록의 숲속
산등성에 피어오른 새하얀 안개비는
솔바람을 타고 오가는 사람들 마음속까지
솔깃이 적시며
그리운 청산에 잠겼어라

산이 좋아 나무가 좋아
파란 마음으로 산에 오르는 청정한 사람들 모습
마음에는 하늘빛 향기 그득히 품어 안은 채
한 발 한 발 정상을 향해 오르는 발걸음 따라
맑디맑은 계곡물 위에 나뭇잎새가
떨어져 한편의 수채화마냥 풍광을 자아내고
녹음진 산마루엔 어여쁜 산꽃들 피어나
가녀린 모습으로 살랑살랑 춤을 추는
청산이 그리워라
청산에 살고파라

청산에 오르면 우리네 마음에는
아름다운 꽃이 핀다. 나무들이 살아 숨쉰다
고운 산새들이 노래 부른다.

제2부

고운 정 미운 정

그대를 사랑하는 고운 정
그대를 미워하는 미운 정
정 하나로 기뻐하고 슬퍼하는 사람들

한 세상 살다보면 때로는 사랑하고
때로는 미워하는 일도 있더라
정 때문에 울고 웃는 인간사이건만
그러나 세월이 흐르고 또 흘러가면 사람들 정은
추억으로 가슴에 젖어있네

어차피 떠나가는 인생길에
기쁜 사연 빈 가슴에 묻고
슬픈 사연 흐르는 강물에 띄어 보내며
더욱 더 성숙해 가는 사람들 모습이어라

곱게 자라는 고운 정에 미운 정을 담아
젖은 가슴으로 고운 사랑을 나누세
사랑 김으로 따뜻이 피어나
고운 사랑의 노래를 부르세.

어머니

고생스런 삶으로 얼룩진 한평생
고운 자식들을 가슴에 포근히 묻고
불철주야 자식 위한 참사랑 하나만을 위해
사시던 어머니
얼굴에 패인 가느다란 주름살은
자꾸만 깊어만 가시는데 힘에 겨운 인생사를
기도로서 이겨 내시며 오롯이 숭고한
희생의 삶을 사시던 어머니를 세월이 흐르고
또 흘러가도 잊을 길 없어라
인고의 시집살이는 뼛속까지 사무쳐
가슴앓이로 견디어 낸 채 먼저 떠나보낸
고운 자식들을 가슴에 묻고 한 맺힌
삶을 사시던 어머니의 깊은 마음을
어찌다 자식들이 헤아릴 수 있겠습니까
어머니! 이제는 기쁨과 평화만이 가득한
천당에서 부디 편히 쉬소서
영생을 누리소서.

천당 길

사람은 누구나 하느님의 사랑으로
창조된 고귀한 하느님의 작품이어라
하느님께서 사람들에게 자유의지를
주시고 허락하신 고귀한 이 시간을
불필요하게 허비한다면 언젠가는
후회하는 날이 있으리라
하느님께서는 이 세상을 극진히 사랑하시어
독생 성자 예수님을 지상에 파견하셨고
예수님의 공로로 천당을 선물로 주신 것이라
사람이 살면서 천당에 못 들어가는 것과 같이
큰 낭패는 없으리오. 늘 천당을 꿈꾸며 살아가세
천당은 아무런 근심 걱정 없이
기쁨과 평화만이 넘치는 곳
오롯이 하늘나라에서 영생을 누리려는
소망만으로 하느님과 이웃을 사랑하며
사는 것이 지혜로운 삶인 것을
예수님께서 사람은 천당에 좁은 문으로 들어가려
있는 힘을 다하라고 말씀하시네.

어버이의 정

모정이 그리워
부정이 그리워
어머니를 가슴에 묻고
아버지를 가슴으로 안았습니다
한 살이 눈물 메운 모진 고난 고운 자식들 위해
큰사랑으로 애써 견디시고
백날을 하루 같이 마음 고생하시며
눈물꽃이 마를 날이 없으셨던 부모님의 정은
긴 세월이 흘러가도 그 옛날의 영상으로
아른 아른 거린 채 잊을 길이 없습니다
어머니! 아버지!
이 지상에서의 아름다운 삶을 청산하고
천당에 들어가 영생을 누릴 때에
서로 얼싸 안고 춤을 추소서
하느님께 찬미 노래 부르소서
벅찬 심정으로
어머니를 가슴에 묻고
아버지를 가슴으로 안아
모정을 그립니다
부정을 그립니다.

천국에 가는 삶

예수 믿으면 천국이요
불신하면 지옥에 간다고 외치는 이들도 있더라
그러나 천국에 들어가서 영생을 누리기 위해서는
무엇보다도 주님 안에서 덕을 많이 쌓아야
하는 것이거늘
천국이 좋은 곳인 줄 알면서도 복음적 삶을
등한시하고 하느님과 이웃사랑이 부족하다면
사후에 어찌 천국에 간다고 장담 할 수 있으랴
미움보다는 사랑을
교만보다는 겸손을
악행보다는 선행을
태만보다는 노력을 필요로 해야 천국에
가까운 삶을 산다고 할 수 있으리라
누구든지 세상과 친구가 되면
하느님의 적이 된다고 하신 주님 말씀 따라
멸망으로 이끄는 넓은 문보다
좁은 문으로 들어가라는 가르침을
가슴 속에 새기면서 살아가야 되거늘.

새싹은 피어나고

갑천 뚝방길 길섶을 따라
화창한 봄날에 파릇파릇
기지개를 펴며 돋아나는 가녀린 잎새들은
오가는 사람들 시선을 받으며
속삭이는 풀잎의 그리움 되어 사람들을 오라 부르네
저 멀리 파란 하늘가에 하이얀 뭉게구름은
바람 따라 두둥실 흘러가고
하늘 향해 새하얀 웃음 짓는 푸르런 새싹은
시원한 봄바람을 타고 숨을 고른 채
하늘하늘 몸을 흔든다
고운 잎새는 실바람을 타고
흰구름과 입맞춤 하며 낭만에 취해
봄을 노래하는 그리운 풀잎 사랑이여
곱게 피어난 새싹들의 향연이여.

사람들 마음

사람들 마음은 무슨 색깔일까요
파란하늘을 바라보며 꽃다운 청춘을
노래하기에 사람들 마음은 파란색일 겁니다

사람들 마음은 무슨 색깔일까요
땅에서 살아가며 맑디맑은 하얀 세상을
그리워하기에 사람들 마음은 하얀색일겁니다

마음은 몸의 지팡이 노릇을 하기에
마음 먹기 따라 사람들의 행복과 불행이
달라지기 마련인 것을
마음이 고운 사람은 좋은 일을 하면서
하느님께 은총을 받고
마음이 미운 사람은 미운 행동을 하면서
하느님께 눈총을 받게 되리니
선한 마음으로 착한 행실을 하며
하느님과 이웃을 사랑한 채
천당에서 영생을 누리게 되기를…
마음에 사랑을 담아 하늘을 꿈꾸는
복된 사람들 모습은 아름다워라.

행복의 나무

사람이 온갖 세상을 얻어도
마음의 모든 것을 채우는 만족함이 없으리
채워도 채워도 마음 깊은 곳은
목이 말라 갈증을 느끼게 되는
사람들의 끝없는 욕망과 욕심
모든 행복은 없음에서 시작되는 것이거늘
가장 낮은 곳에서 가난을 경험했던 사람은
만족감을 얻을 수 있듯이
사람들이여! 가난한 마음으로
우리네 마음속에 행복의 나무를 심어요
나무가 크게 자라나듯이
행복도 커지니까요
가난으로 굶주린 사람만이 눈물의 빵을 먹으며
만족감을 느끼듯이 가난한 마음속에
한그루 행복의 나무를 심은 채
행복을 꿈꾸며 살아가요
행복한 삶을 살아가요.

아버지의 사랑

많은 세월이 흐르고 또 흘러가도
눈가에 아른아른 영상으로 떠올라
잊혀지지 않는 아버지를 향한 깊은 마음속 그리움
오롯이 자식 사랑하는 일념 하나로
사랑김이 솟아오르는 따스한 젖은 가슴 속에
고운 자식들을 담아 몸과 마음을 바쳐
해 가는 줄 모른 채 땀 흘려 일하시던 아버지의
숭고한 넋을 잊을 길이 없어라
오늘밤은 유난히 하늘가에 떠있는 저 달 속에
아버지의 사랑스런 얼굴이 보이는 듯 합니다
자식들 위해 별빛이 스민 언덕에서
달빛이 비추는 긴 둥 너머에서 고달픈 삶이 무게로
인생 눈물을 애써 삼키시던 아버지
맘 하늘에 아버지의 고귀한 사랑을 담은 채
하늘나라에 계신 아버지께 띄웁니다
이승의 삶을
끝내는 날에
아버지 천상 낙원에서 재회하소서.

반달

어둠이 뒤덮여 적막에 싸인 하늘가에
손 내밀며 잡힐 듯이 그리움에 젖어
지극히 가녀린 모습으로 반달이 떠 있네
가슴 속에 서려 있는 이런 저런 삶의 애환을
달님에게 하소연 하면 어느새 마음에는
평화가 깃들어 달을 향한 그리움에 젖어드네
벌거벗은 모습으로 깊어가는 겨울 밤 찬 공기를
맞으며 밤을 새워 누리를 비추는 저 달님은
추운 줄도 모르고 어둠을 밝혀주는 파수꾼 되어
아침이 올 때까지 세상에 고운 빛을 선사하는
고마운 반달이어라
달아달아 고운 달아
깊어가는 겨울밤에 너를 바라보면
희망의 속삭임 되어
잠자리에 누운 채 잠자는 영혼을 깨운다.

가을의 노래

농부의 땀으로 오곡백과 주렁주렁 익어가는
풍요롭고 빛 고운 가을날에
국화꽃 향내음에 취해 마음도 가벼이
파란 하늘 바라보며 부르는 노래
갈바람 솔솔 불어대는 금강변에 앉아
낭만에 젖은 채 애드럽게 춤추는 갈대숲에 숨어
사랑 놀음에 해 가는 줄 모르는 물새들의 해맑은
노랫소리가 정겹게 귓가를 간지르네
파란 가을의 비단하늘은 높기만 한데
가을의 노래는 하얀바람을 타고
채색구름에 실려 사람들 빈 가슴 속에서
흥겹게 노래 부르며
하늘 높이 날아가네.

파도여 노래 부르자

드푸른 바다에 파도가 파랑 치면
수많은 모래알이 싸이고 싸여
집을 짓다 허물어지는 모래사장 따라
바닷가에는 그리운 추억이 생겨난다
저 멀리 수평선 너머로 고깃배들이 부두에 오면
갈매기떼 무리지어 남새 파도를 따라
춤을 추는 풍광 속에 한 폭의 수채화 되어
바다를 노래한다
파도여 노래 불러라 갈매기 사랑을
파도여 웃어 보자 드넓은 바다를 가르며
파도여 쳐라 파도여 쳐라
파도여 소리 쳐라
바다 종달새가 재재 거리는 바다위에서
푸르런 파도 연가 부르며
덩실 덩실 춤추고
그리움에 젖어 바다의 노래를 부르자꾸나.

하늘나라 가는 길

아름다운 이 세상에서 살며
미운 정 고운 정이 배어 있는
한 살이 파란만장한 인간사
얘기 보따리 한아름 어깨에 둘러메고
절대자 주인을 만나러 가는 길
추억이 한 올 한 올 서려 있는
삶의 보따리 매듭을 풀어 사랑으로
하느님께 바쳐 드리면 기쁨에 넘쳐
본향에서 해맑게 웃음 짓는 사람들은
복된 영혼이어라
사랑의 아버지 집에 하늘의 천사들 나와
반겨주고 기쁨과 평화만이 가득한
하늘나라에는 나팔소리에 맞춰
하늘 노래가 웅장하게 울려 퍼지리
하늘나라는 우리의 모든 소망이 이루어지는 곳
오늘도 하늘나라로 꿈꾸며 행복한 마음으로
아름다운 하늘 연가를 부르네.

하늘 엄마시여

높은 하늘 우러러 하느님께 기도드릴 때
눈앞에 떠오르는 얼굴 하늘 엄마시여
지상에서의 애달픈 사연을 빈 가슴에 담아
주님을 찬미하며 고통의 무거운 십자가를
두 어깨에 짊어지고 멀고도 험한 길 떠날 때
마음에 위안이 되시어 따스하게 두 손을 잡아주시는
하늘 엄마시여
이승에서의 험난한 순례자 여정을 살아가는 동안
늘 어둠 속에 등불 되시어 크신 사랑의 손길로
당신 자녀들을 잡아주시며 하늘 길로 인도하시는
자애로우신 하늘 엄마시여
어머니를 기리나이다
어머니를 그리나이다
어머니께 의탁 하나이다
가련한 당신의 자녀들을 천상 낙원으로 인도하소서
저희를 도와주소서
영화롭고 복되신 하늘 엄마시여.

성 요셉 성인이시여

죄 많고 어둠이 판을 치는 세상에
칼날 바람이 불어 사람들이 추위에 떨고 있던
그때 그 시절에
기나긴 겨울날에 엄동설한은 매섭게
얼어붙은 가슴을 울리고 메마른 잎새가
생명의 숨소리를 토해내며 기지개를 편 채
물이 오르는 3월은 하느님의 구원 사업을
충실히 수행하신 요셉 성인의 달이네

머나먼 남쪽에서 전해오는 싱그런 봄내음은
춘풍으로 구원의 바람이 불어오고
높고 따뜻한 하늘을 우러러 천당에 계신
요셉 성인을 기리네
나사렛의 작고 허름한 촌락 집에서
비천한 목수 일을 하시며 의로움과 강직함으로
예수님과 마리아님을 지키시고 돌보시던 그 사랑을
가슴 속에 되새기며
오롯이 주님 향한 마음 하나로 성가정의 모범을
보여주신 요셉 성인이시여
저희를 위하여 빌어주소서
우리나라를 위하여 빌어주소서.

아침 이슬

밤새 어둠을 밝혀 주던 반달은
어슴새벽을 맞으며 서녘 하늘로 기울어
아침 이슬과 작별을 하고 꽃잎과
나뭇잎새에 송알송알 맺혀있는 이슬방울은
긴 밤을 지새우고 아침을 맞으며
동녘 하늘 영롱한 햇살을 따라 내일을 기약하며
어느새 이별을 한 채로 고요히 아침을 맞는다
하얀 세상에 하얀 이슬방울은
사람들 메마른 가슴에 남아 진주이슬 마냥
새하이얀 미소를 머금고 잎새를 간지르며
햇살따라 살그니 자취를 감추는 세상 향한 그리움에
애달파 하는 이슬방울이어라.

사랑과 미움

세상살이 온갖 시름 모두 다 홀가분히
깊은 마음에서 꺼내어 자연의 물길 따라
강물에 띄어 보내고 큰마음으로 모든 이를
사랑하면서 살아가요
우리의 이웃을 누구나 인생을 함께 살아가야할
동반자로 서로를 배려하며 큰사랑으로
씨를 뿌리고 싹을 틔어 희망의 열매를
기쁘게 수확하는 사랑스런 사람 사람들이어라
사람이 산다는 것은 미움을 벗어던지고
사랑의 갑옷을 입었다는 것이거늘
큰마음 안에 작은 마음을 담아
사람들끼리 공동체로 더불어 살아가는
아름다운 세상을 꿈꾸며 혼탁한 세상에
사랑을 심은 채 행복하게 살아가요
사랑과 미움은 선과 악으로 자리 잡아
천당과 지옥의 갈림길에서
사람들을 이리 오라고 부르네.

다른 사람의 좋은 점을 보시오

자신의 좋은 점만 보려하고 다른 사람의
나쁜 점만 보려 하는 시기와 질투와 이기심으로
얼룩진 인간의 모습이어라
자신의 나쁜 점을 보려하고 다른 사람의
좋은 점을 보려 하면 그만큼 자신에게
삶의 보람이 있으련만
자신이 허리를 굽혀 다른 사람에게 인사하면
다른 사람도 허리 굽혀 인사하는 것이
당연한 이치가 아니련가
겸손은 교만의 스승이며 아버지
자신을 낮추면서 낮은 자세로 살아가면
하느님께서도 사람도 그 사람을
높여 주신다고 하시네
자신의 들보는 애써 감추고
남의 들보를 드러내려는 사람들이기에
애달픈 마음 금할 길 없어라.

제3부

조국의 별이시여

오롯이 조국을 향한 충정 하나로
조국을 가슴에 품고 조국에 묻힌
빛나는 넋이어라
헌신짝처럼 하나 뿐인 고귀한 목숨을
조국을 위해 바쳤노라
내 나라 내 땅이 그리워 백년이 가도
천년이 가도 잊혀지지 않는 별이 되어
조국의 산하에 잠들었노라
영원히 살고파라 조국의 품안에서
영원히 살고파라 어머니 품안에서
애국선열들이시여
임들의 숭고한 애국 충정을 오래도록 기억하오니
햇발이 밝혀주는 이 나라 이 땅에서
수정 무지개가 떠있는 아름다운 조국에서
편히 쉬소서
겨레의 품속에서 영면하소서.

청춘찬가

인생의 꽃다운 시절 그 이름은 청춘
황금과 같은 값비싼 기백으로
고귀한 젊음을 발산하며 하얀 세상에서
희망의 찬가를 노래하고픈 청춘이어라
세상 속에서 눈동자는 초롱초롱 빛을 발하고
꺼지지 않는 젊음의 불씨로 나래를 편 채
꿈을 안고 푸른 창공을 향해 웅비하는 너
아! 청춘은 아름다워라
세상을 향해 솟구치는 기개로
하늘 빛 향기 그득히 가슴을 활짝 열고
굳센 정열로 불사르는 꿈이 있기에
아! 청춘은 아름다워라
아름다운 청춘을 가슴에 되새기며 목청을 높이여
추억이 서린 청춘찬가를 부르노라.

아름다운 세상

수없이 출렁이는 사람 물결 따라
세상이 가는대로 저마다 고운 가슴에
애틋한 사연을 묻고 인생 여정 길을 떠나간다
때로는 장마 울음으로 아픔에 젖어
눈물짓는 사람들도 있고 평탄한 꽃길을
거니는 사람들도 있는 하늘의 섭리대로
떠나는 인생길
세상살이 힘에 겨운 이웃에게 한 번 더
관심을 갖고 두 번 더 사랑을 전하며
서로 어깨를 기대고 더불어 살아가는 삶 속에
하늘의 축복도 받게 되는 행복한 사람들
기쁨도 슬픔도 아픔도 함께 나누는
성숙한 공동체 의식 속에 희망으로 함께 살아가는
그대가 있어 좋은 세상
세상은 아름다워라.

향수에 젖어

서녘 하늘 저녁노을이 붉게 타오르면
향수에 젖어 망향가를 부르며
고향 품속에 안기네
아스라이 뇌리를 스치는 그 옛날 고향의
풋풋한 정이 눈가에 아른아른 빈 가슴을 적시고
나뭇잎새 미풍에 살랑살랑 춤을 추며 사람을 반기는
고향은 언제나 어머니의 품속 같은 따뜻한 곳이어라
귀여운 버들강아지 가녀리게 오가는 사람들을
유혹하고 손에 잡힐 듯 앞산 기슭에는 고운 새들과
뻐꾸기 노랫소리 끊이지 않고 귓가를 적시는 곳
뚝방길 따라 실개천에 그물을 친 채
물고기를 잡으며 동무들과 얘깃거리 정겨운
하늘 아래 고향의 옛 정취가 아직까지
심금에 아름답게 스며 있는 무지갯빛 추억이어라.

인생 여정 길

기나긴 인생 여정 길을 걸어가며
내면에 비춰진 자아의 모습을
뒤돌아보는 이 시간
어머니 뱃속을 떠나 처음 세상에 올 때의 삶은
천진난만하게 순수함과 단순함 그대로였는데
세상을 살아오면서 이런 저런 삶의 때가 묻어
복잡하게 변화되는 인간사의 모습이어라
그러나 언제나 인생길은
절망보다는 희망의 길
그러나 언제나 인생길은
미움보다는 사랑의 길이 아니련가
캄캄한 절망 속에서도 희망의 빛을 발견하여
하루하루를 기쁨으로 살고
어두운 미움 속에서도 하루하루를 사랑으로
살아가며 웃음 짓는 모습이
하느님께서도 기뻐하시는 아름다운 길
인생 여정길이리라.

당신을 알고부터

당신을 알고부터 사랑을 알았습니다
왜냐하면 사랑은 가까운 사람에게서
오고 가기 때문입니다
당신을 알고부터 기다림을 알았습니다
왜냐하면 기다림은 그리움에서
생기기 때문입니다
당신을 알고부터 만남의 소중함을 알았습니다
왜냐하면 만남은 하늘이 내려주신
고귀한 인연이기 때문입니다
당신을 알고부터 이별을 알았습니다
왜냐하면 만남은 이별을 동반하기 때문입니다
당신을 알고부터 사랑을 알았습니다
왜냐하면 사랑은 사람과 사람을
끈끈한 정으로 안아주기 때문입니다.

산바람 강바람

산에서 부는 바람 색깔은
파란색일겁니다
산을 타는 사람들 마음을 파랗게 만드니까요
강에서 부는 바람 색깔은
하얀색일겁니다
강을 건너는 사람들 마음을 하얗게 만드니까요
높은 산에 올라 파란 바람 맞으며
산새들과 산 노래 불러요
강가에 서서 하얀 바람 맞으며
물새들과 강노래 불러요
산에서 강에서 사람들 마음에서
바람피리 은은히 들려오는 날에 꽃웃음 지으며
산바람을 맞아요
강바람을 맞아요
사람들과 같이 시원한 바람 맞으며
산 노래 불러요
강노래 불러요.

한라에서 백두까지

통일의 그 날을 위하여 바람아 불어라 불어라
해야 떠라 떠라
한라에서 백두까지 백두에서 한라까지
남쪽에서 부는 바람은 산길 따라 물길 따라
북녘으로 향하고 북쪽에서 부는 바람은
산 넘고 물 건너 남녘으로 향하는
우리의 통일된 소원을 위하여
바람아 불어라 바람아 불어라
한민족으로서 남과 북의 동질성을 회복하여
오래된 이념의 장벽을 허물고
남북으로 갈라진 3.8선을 허물어
한라에서 떠오르는 해는 통일의 기운을 받아
백두로 향하고
백두에서 떠오르는 달은 민족의 염원을 안고
한라로 향하여 통일을 이루세
하늘을 우러러 통일된 우리 민족을 꿈꾸며
정성을 다해 기도드리는 오늘이어라.

축복의 땅 대한민국

저 높은 창공을 향해 나래를 펴고
비상하라 비상하라
축복의 땅 대한민국은 비상하라
하느님의 크신 사랑으로 자유와 평화의
물결이 모든 국민들에게 넘쳐흐르는
대한민국은 비상하라
허리가 잘려져 반 토막이 난 삼천리금수강산이
이제는 하나가 되어 하얀 세상으로
아름답게 피어나는 새아침의 나라 대한민국이여
전국 방방곡곡 어디를 가나 삶의 푸렁푸렁 소리
생동감 넘치게 가슴에 크게 울리며 귓가에 스미고
사람 사람마다 희망에 젖어 사랑김이 피어나는 곳
하늘의 축복받은 나라 이 나라 이 땅이여
나아가세 나아가세
너와 나 손을 맞잡고 통일로 나아가세
세계를 향해 미래를 향해
진지한 맘세로 나아가는
축복의 땅 우리 대한민국이여!

아름다운 대한민국

그리운 사람이여
샛노란 은행잎이 갈바람을 타고
빈 가슴을 적시는 날에
오색빛 단풍잎이 사람들 그리움에 젖어
고운 자태를 뽐내는 날에
가슴을 활짝 연 채 서로의 마음을 모아
한 번 더 하느님을 찬미하고 감사드리며
가을 노래를 불러요
아름다운 이 강산을 노래 불러요
그리운 사람이여
하늘 위에서 새하얀 함박눈이
사람들 마음속에도 내리는 날에
겨울날 칼날 바람이 사람들 가슴 속까지
파고드는 날에
따스한 봄날을 그리워하며 희망 실은
봄노래를 불러요
아름다운 이 강산을 노래 불러요
한 번 더 하늘을 향해 감사드리고
한 번 더 땅 위에서 사람들과 사랑을 나누며
하늘 소망에 젖어
삼천리 금수강산을 노래 불러요

나라 사랑하는 마음으로
모든 국민 함께 모여 사랑 노래를 불러요
아름다운 대한민국에서 하느님께
감사의 노래를 불러 드려요.

깨닫게 하소서

어느 날 때가 되어 오묘하신 주님의 섭리 속에
세상을 그리워하며 빈 몸뚱이로 태어난 인생이어라
간교한 사탄의 유혹에 걸려들어 하와의 원죄를
뒤집어 쓴 채로 인생살이 떠도는 길마다
무거운 죄의 사슬은 삶의 십자가 짐이 되어
두 어깨를 짓누르고 그래도 살아가는
순간순간마다 하느님의 은총을 받으며
하느님께서 내려주신 참 평화를 느끼면서
살아가노라
주님 감사합니다 주님 사랑합니다
아픈 세월을 애써 견디며 지상의 나그네 삶을
두고 온 천상 낙원으로 향해 가는 빛으로 인도하시고
주님의 사랑받는 자녀로서 오롯이 주님께 의탁하며
늘 당신의 놀라운 은혜를 깨닫게 하소서
깨닫게 하소서
주님의 사랑 안에 머물게 하소서.

수호천사시여

천상의 수호천사를 그리며 고개 들어
하늘을 우러른다
구름의 큰 장막에 가려져 보이지 않는 영혼 속에
자리 잡아 날마다 매 순간 순간마다
인간을 돌보시는 수호천사시여
늘 인간들의 파수꾼 되소서 지팡이 되소서
길을 거닐 때나
위험에 처할 때나
일을 할 때나
기도 할 때나
잠을 잘 때나
꿈을 꿀 때나
언제 어디서나 항상 인간들 곁에 머물러
한 영혼 한 영혼과 벗이 되어 동행하는
천사들이시여 수호천사여
당신을 숭모합니다
지상에서의 삶에 저희와 함께 하시고
어둠 속에 등불 되시며
천상 낙원에서 영생을 누리도록 저희를 도와주소서
이끌어 주소서 저희 수호천사시여

참된 행복

마음이 가난한 자는 행복하다고 했던가
그러나 사람의 욕심과 욕망은 끝이 없어라
인간사 모든 곳에서 아무리 물질만능주의가
사람을 지배하는 세상일지라도 가진 것 많다한들
만족함이 있으랴
채우고 또 채워도 채워지지 않는 욕심을
마음 깊은 곳에서 벗어 던지고 하늘이 내려주시는
은총에 만족하여 매 순간마다
감사드리며 살아야 하는 것을
끝없는 욕심을 마음속에 가득 담고서 살아간들
목마른 갈증은 가실 줄 모르고 그대로인걸
마음 먹기에 달려 있는 행복을 찾아
하늘이 허락하신 하루하루의 소중한 삶을 되새겨보며
가난한 마음으로 기쁨과 행복을 누리며
살아가야 하거늘
사람 각자마다 영혼이 평화를 누리는 행복이
참된 행복이리라

한밭수목원

푸르런 생명이 숨을 쉬는
도심 속 한밭수목원 뜨락을 거닌다
자연의 생기발랄한 모습으로
꽃도 방긋 나무도 방긋 웃음 지며
오가는 사람들을 유혹하고 고운 새들이
목청껏 토해내는 노랫소리에 귀를 세운다
드넓은 세상을 향해 날갯짓하는
새들을 바라보며 사람들도 가슴을 활짝 열고
삼삼오오 모여 웃음꽃 피며 꽃길을 거니는
아름다운 수목원 모습이기에
사람들 마음마다 행복꽃이 핀다
한밭수목원 생긋한 산소를 들이키며
시민들 가슴 속엔 어느새
고운 꽃이 핀다
희망 품은 나무가 자란다

3.1운동 · 2

일제에 나라 뺏긴 설움으로 눈물을 삼키던 그때
기미년 3월 1일 정오에 온 나라가 들고 일어나
삼천리 방방곡곡에서 태극기를 들고 목이 터져라
외치던 그날의 만세 함성 소리가 아직도 은은히
귓가에 들리는 듯 하네
일제의 악랄한 핍박에 항거하여 하늘 울음으로
쓰라린 가슴을 적신 채 아우성 치던 우리민족의
만세 소리는 온 땅을 흔들며 하늘까지 울려 퍼졌네
오롯이 빼앗긴 나라를 되찾겠다는 일념 하나로
일제의 총칼에 맞서서 소리 높여 대한 독립 만세를
외치던 그때 그날에는 우리 민족만이 있었고
일본은 없었다
고귀한 한 목숨을 조국을 위하여 바치며 불요불굴의
기상으로 일제의 온갖 고초를 이겨내고 만세 운동으로
한몸을 바치던 애국 투사들과 우리 국민들의 뜨거운
함성소리는 오랜 역사가 흘러가도 지워지지 않은 채
우리 대한민국의 민족혼으로 남으리라
꺼지지 않는 불꽃처럼 타오른 그날의 3.1운동 정신은
세계를 선도하는 위대한 대한민국의 자유와
평화와 번영의 초석이 되리라
반석이 되리라.

사랑할래요

사랑은 저 멀리 있나봐요
사람들은 사랑을 그리워하니까요
사랑을 하면은 예뻐지나 봐요
사람들은 예쁘게 치장하니까요
사랑을 하면은 눈에 콩깍지가 끼니 봐요
제 눈에 안경이니까요
그 누구를 사랑하려면
따뜻한 마음으로 사랑할래요
사랑하는 사람은 가슴이 따뜻하니까요
그 누구를 사랑하려면
감사하는 마음으로 사랑할래요
하늘이 맺어주신 고마운 사랑이니까요
하늘이 주신 아름다운 이 세상에 사랑으로 왔다가
다시 사랑으로 하느님께 돌아가야 하는 몸이기에
기쁜 마음으로 이웃을 사랑할래요
하느님을 사랑할래요.

천당과 지옥

사람은 누구나 한줌의 흙에서 왔다가
다시 한줌의 흙으로 돌아가야 하는
초라한 운명이어라
티끌 같은 인생을 살아가면서도
바람에 흩날리는 연기와 같은 인생을 살아가면서도
회개의 삶을 거부하는 사람들도 있더라
사람이 죽어서 망자의 영혼이 되어
천당에 들어가기를 바라는 사람 사람들
그러나 천당과 지옥을 판결하시는 분은 하느님이시라
살아생전에 얼마나 하느님 마음에 드는 삶을
살아왔는가를 되새겨 보며
천당과 지옥을 논해야 되는 것이거늘

하늘 나그네

갈바람이 쉬어가는 언덕 한적한 오솔길을
바람과 구름과 벗 되어 쓸쓸히 떠나가는 나그네
마음 고픈 슬픈 눈으로 외로운 신세되어
둥근 달을 바라본 채 유랑의 길을 떠날 때에
나그네 새는 도심 속 나무새를 오가며 재잘재잘
가던 길을 멈추고 살그니 나뭇가지 위에 둥지를 튼다
파랑 치던 지난 날을 가슴에 담고 되새김질 하노라면
밤의 살빛은 어둑어둑한 채 달꽃 별꽃과 함께
한살이 사연으로 망향가를 읊어대는
길손의 모습되어 지상의 나그네는 어느새
하늘 나그네를 그리워하며 내 본향 하늘집에서
영혼의 숨소리를 따라 훨훨훨 나래를 펴고
하늘길을 날아간다.

제4부

인생

세상살이 구곡간장을 가슴에 묻고
크나큰 삶의 보따리 둘러메고 가는 길에
그 누군들 근심 걱정거리가 없으리오
좋으면 좋은대로 싫으면 싫은대로
울고 웃으며 사람들 서로 어우러져 가는
인생살이에 삶의 십자가 되어 두 어깨를 짓누르는
애달픈 사연이 누군들 없으리오
어차피 인생길은 누구나 슬픔을 안고
눈물 메운 고갯길을 넘어가는 삶이 아닐런지
풍진같은 세상살이련만 세상 것에 너무나
집착하며 인생의 진리를 외면하고
저 세상으로 귀향하는 날에 후회스런 눈물을
흘리지 말아야 할 것을
인생길은 언제나 선택의 길인 것을
사람들은 오늘도 선과 악의
두 갈래길에서 아름다운 인생을 살아가려
선한 꽃길을 그리워하는구나.

좋기도 좋을씨구

아름다운 이 세상에 가진 것 없이
빈 몸뚱이로 태어나 마음을 비운 채 정든 사람들과
진진한 사랑을 나누며 살아가는 나의 모습이
좋기도 좋을씨구
부질없는 욕심을 버리고 작은 것에 만족한 채
가난한 마음으로 소소한 행복을 느끼며
살아가는 나의 모습이
좋기도 좋을씨구
그리운 벗님네들과 바람피리 소리가
은은히 귓가를 스치는 고요한 언덕에 올라
산노래 들노래 부르며 추억을 만들던 그날들이
좋기도 좋을씨구
하루하루를 하느님께 감사드리며
오늘을 살아가는 행복한 날들이
좋기 좋을씨구
좋기도 좋은날들을 돌아보니
하느님의 은총이었네
하느님의 사랑이었네.

희망의 나래를 펴요

그대여! 파란 만장한 세상사를 살아간다 해도
구곡간장 알알이 녹아있는 절절한 눈물길을
걸어간다 해도
저 높은 창공을 날아가는 새무리를 바라보며
희망의 나래를 펴요
된바람에 흔들리는 갈대와 같더라도
뜨거운 햇발에 진저리치는 이슬방울 같더라도
맘 하늘에 청그늘을 담고
희망의 나래를 펴요
누구에게나 희망은 바로 곁에 있는 것
언제까지나 희망은 살아 숨을 쉬는 것
삶을 긍정하면 희망과 행복이 있나니
하늘을 우러러 진진한 맘세로
영롱한 태양을 가슴에 품고
희망의 나래를 펴요.

남과 북이여

눈물 메운 남과 북은 서로를 향한 미움으로
허리가 잘려 그어진 삼팔선을 사이에 두고
동족을 향하여 총부리를 겨눈 채 정든 고향땅에
두고 온 부모 형제를 못 잊어 눈물지며
한많은 세월을 살아온 우리 겨레여
남과 북을 이어주며 철길 따라 달리던 통일열차는
동포들의 애달픈 사연을 안고 이미 멈춰선지
오랜 세월이 흐르고 또 흘러
역사 속으로 부끄러운 모습되어
사라져 가는데 어이하여 녹슬은 철로는
아무런 대답이 없는가
이별의 큰 아픔으로 부모형제가 그리워
통한의 눈물은 분단의 상처 속에 땅을 적시고
남북을 오가는 새들의 울음소리까지 구슬픈 밤을
깨우며 잠 못 이루는 우리 겨레의 아픔이어라
어느 세월에 남과 북이 웃음 지며
평화통일을 이루려나
백두산에서 한라산까지 남과 북을 돌고 도는
해와 달아 말 좀 해다오.

하느님의 작품

우리 인간들 모두는 하느님의 귀하고
사랑스런 작품들이기에 하느님께서
어느 한사람이라도 갖은 정성과 공을 들여 창조하셨네
하느님께서는 인간들을 극진히 사랑하시기에
사람마다 자유의지의 큰 선물을 주시고
각기 다른 개성을 주셨네
사람들 모두는 하느님께서 손수 만드신
귀하고 귀한 몸들일지니 얼굴을 편 채
가슴을 열고 웃으면서 살아가세
하느님께서 창조하신 아름다운 이 세상에서
미움을 버리고 사랑으로
교만을 버리고 겸손으로
하느님과 이웃을 사랑하며 기쁨과
평화만이 넘치는 천국낙원에서 영생을 누리세
하느님 품안에 안겨 부활의 삶을 살아가세
우리 인간을 내신 하느님께 감사드리세
찬미와 영광을 드리세

행복한 2024년을 그리며

무정세월 따라 말 많고 탈 많은 한 해를 보내고
어느 덧 또 다른 새해를 맞이하네
크나큰 삶의 무게를 짊어지고 좌절하며 몸부림치던 때도
있었건만 놀라우신 하느님의 은총과 축복 속에
불사신의 기지로 한숨을 잠재우고 오늘에 안주하며
기도하는 행복한 삶을 살아가네
이런 저런 노래 교실이세 노래를 불러 다른 이들에게
기쁨과 즐거움을 선사하며 웃음 짓던
그날의 기억들을 회상한 채 가는 세월을 보내고
오는 세월을 또다시 맞이하는 감흥을 새해에도
이어가며 함박웃음 짓는 2024년이 되기를…
행복 속에 기쁘게 살며 다른 이들에게 넌지시
행복을 전하는 사랑의 전도사로 남아 웃음꽃이
만발하는 올해가 되길 기도하며
인생의 희망가를 부르네
하느님께서 허락하신 이 시간을 허비와 낭비 없이
나만의 시간으로 알차게 살아가며
아름다운 꽃을 피우리
알찬 열매를 맺으리.

고통의 선물

세상을 살아가면서 때때로 맞이하게 되는
고통이여
고통 때문에 슬픔에 잠기기도 하고
고통 때문에 눈물을 흘리게도 되는
고통은 하느님을 느끼는 삶의 십자가
고통을 받으면서 좀더 성숙해지는 자아를 깨닫고
고통을 받으면서 주님께서 주시는 인생의 십자가를
가슴에 묻고 살아갑니다
고통 없이 어느 누가 하느님을 알리오
고통 없이 어느 누가 십자가의 구원을 받으리오
십자가의 고통을 받으면서
사랑을 알았습니다
희생을 알았습니다
용서를 알았습니다
십자가의 고통이 너무 무거워서 두 어깨를 짓눌러도
하느님께로 부터 구원의 보상을 받으며
천국 낙원에서 영생을 누리는
자비의 선물을 받게 될 것입니다.

십자가의 길

하늘나라에 들어가려거든 십자가를 지고
하느님 마음에 드는 삶을 살아야 하거늘
사람을 믿는 것보다 하느님을 믿는 것이 더 유익하고
사람에게 바라는 것보다 하느님께 바라는 것이
더욱더 이로운 것이거늘
백년이 가도 천년이 가도 변치 않는 하느님 사랑에
의지하는 것이 얼마나 행복한 일이런가
하늘나라에 가는 것이 그리스도 신앙인들의
궁극적인 목표인데 그곳에 쉽게 들어가는 것이
결코 아니리라
이승에서 저승으로 갈 때까지
지상에서의 삶에서 천상으로의 삶을 살아갈 때까지
마귀들과의 영적 투쟁은 끊임없이 계속되는 것
하느님을 향한 굳은 믿음으로 천국낙원을 그리며
십자가를 지고 주님을 따라가는 길은 얼마나 행복한
사랑의 길이런가
행복한 내 영혼아 주님을 찬양하여라.

이별

미지의 세계 드넓은 하늘 아래에서
하늘의 섭리대로 불어오는 바람을 타고
사랑 노래 부르며 시작된 만남이었기에
쓰라린 이별을 망각하며 살았네

말 많고 탈 많은 인간사 모든 것이
새옹지마라지만 하얀 세상에서 깨끗하고
선한 마음으로 소중한 만남을 빈가슴에 담아
함께 기뻐하고 슬퍼하며 지나온 세월이었기에
그대를 보내게 될 줄이야
그 누가 알았으랴
실바람에 실려 은은히 사라지는
추억 속 여운은 아스라이 그리움되어
허전한 마음으로 가슴 적시고 이별의 아픔으로
밤을 지새운 채 옛 영상에 잠기누나.

현충원에 묻힌 넋이여

하나뿐인 고귀한 한몸 바쳐 겨레의
자유와 평화를 지키기 위해 조국의 별이 되신
불타는 넋이여 선열 들이시여
반만년이 넘도록 대대로 물려받은 우리나라
아름다운 금수강산의 파수꾼되어
강물처럼 흘러간 세월 따라 역사는 살아 숨 쉬는데
선열 들이시여, 그대들은 조국이 그리워서
조국의 산하에 묻혔어라
자유가 그리워서 평화가 그리워서
눈물 메운 외로운 길을 십자가를 짊어지고
걸어가신 숭고한 넋을 잊을길이 없습니다
천년 만년 흘러가도 마르지 않을 소중한 눈물 꽃을 피운
나라 사랑 앞에 후손들은 그저 고개를
숙일 따름입니다
선열들이시여 하늘나라에서 편히 쉬소서
선열들이시여 이 나라를 굽어 보소서.

나의 어머니

어둑어둑한 적막에 싸여 달도 별도 잠든
신새벽에 가냘픈 육신을 추스려 잠에서 깨어난 채
하늘을 향해 온 정성 바쳐 기도하시던 어머니
곱디고운 얼굴은 세월의 무게를 이기지 못하신 채
하나둘씩 주름살이 늘어만 가시고 몇 명의 고운자식들
앞세워 하늘로 보내시며 북받치는 가슴을 애써 쓸어
내리시던 어머니의 아픈 마음을 어찌 헤아릴 수 있으오리까
긴긴 세월 무거운 삶의 보따리 두 어깨에
짊어지시고 주린 배를 허리띠도 졸라매시며
고난 속 세월을 사시던 어머니의 자식 위한 큰사랑은
아직도 영상되어 뇌리에 그리움으로 남아 있는데
이제는 하늘로 돌아가신 어머니를 뵐 수가 없습니다
오늘도 저는 어머니를 향해 기도드리며
어머니는 자식들을 향해
천상에서 기도하신다는 확신으로 위안을 삼습니다
어머니! 이승에서의 삶이 끝나는 날에
천상에서 재회하시어 영원한 행복을 함께 하소서.

감사하는 삶

세상을 살아가다 보면 감사해야 할일들이
얼마나 많은지요
어떤이들은 입에 감사하다는 말을 밥 먹듯이
달고 사는 사람들도 있지요
어떤이들은 당연히 이루어진 것이라고
자만하면서 사는 사람들도 있지요
감사하다는 말은 사랑이고 겸손의 말입니다
감사하는 마음은 사랑의 마음입니다
감사하는 마음은 자비의 마음입니다
하느님께서도 그분께 감사드리는 사람들에게
무엇하나라도 더 좋은 것을 주고 싶으실 것입니다
감사하는 마음으로 오늘을 살아가는
축복받는 날들이 되시기를……
감사 감사 아침에도 감사 한낮에도 감사
감사 감사 저녁에도 감사.

사람이 산다는 것은

사람이 산다는 것은 사랑하면서 살라는 것
하느님과 이웃을 사랑하면서 살라는 것
사람이 산다는 것은 믿음을 가지고 살라는 것
절대자 창조주 하느님께 믿음을 가지고 살라는 것
사람이 산다는 것은 소망하면서 살라는 것
가난한 마음으로 하느님께 소망하면서 살라는 것
신덕 망덕 애덕을 실천하며 천국낙원을 꿈꾸는
삶 속에 기쁨과 평화가 넘치고
하느님의 사랑과 자비에 머무른 채 복된 나날을
영위하는 행복한 사람 사람들
그들에게 사랑꽃이 피네 믿음의 꽃이 피네
소망의 꽃이 피네
아름다운 무지갯빛 행복꽃이 피네.

행복한 영혼

풀잎에 맺힌 이슬방울 같이
바람에 흩날리는 티끌과 같이
언제라도 하늘이 부르시면 흙에서 왔다가
다시금 흙으로 돌아가는 사람들 모습이어라
아무리 가진 것이 많아도
아무리 부귀영화와 권력과 명예를 누려도
빈손으로 왔다가 또다시 빈손으로 돌아가는
사람들 모습이어라
하늘 본향집을 떠나와서 지상에서의 나그네 삶을
살아가는 사람들이기에 저승으로 돌아갈 때까지
하늘을 우러러 두려운 마음으로 살아가야하거늘
육신의 삶은 유한한 것
영적인 삶은 무한한 것
무엇이 더 소중하고 고귀한 삶인가를 깨달아
천국을 향해 지혜로이 영적인 삶을 살아가는
영혼은 행복한 영혼이어라.

갈마 공원에서

겨울날의 매서운 칼날바람이 사람들 얼어붙은
가슴 속까지 파고 들어 잔뜩 움크린 몸으로
새하얀 눈발을 밟으며 갈마공원 야산을 거니네

푸르던 잎새들은 어느덧 마른 잎새되어
계절의 흐름 속으로 소리없이 떨어지고
삭풍을 맞으며 앙상한 나뭇가지에는 눈꽃이 피어
가녀린 몸을 흔들며 봄이 오기를 기다리는데
덩달아 울음 우는 까치떼와 고운 산새들은
겨울이 익어가는 소리 따라 장단에 맞춰서
산 노랫소리 정겨움을 더하네
바람 피리소리 들으며 사람들은 흩날리는
눈꽃들의 향연에도 푸르런 봄을 노래하며
희망서린 가슴이 되어 갈마공원에는
어느 덧 봄이 오는 소리가 사람들 귓가를 적시네.

매괴의 여왕이시여

지극히 거룩하신 천상어머니시여!
어머니를 사랑합니다
어머니를 공경합니다
지상에서 마귀사탄과 끊임없이
영적인 투쟁을 하고 있는 저희를 굽어보소서
로사리오의 모후이신 어머니시여!
당신 자녀들의 기도를 들어주소서
어머니를 향한 크나큰 사랑을 묵주에 담아
정성되이 묵주기도를 드립니다
가슴 깊이 숨겨진 소망을 담아 붉은 장미 열 송이씩
엮어서 간절한 마음으로 어머니께 기도드립니다
주님의 크신 사랑안에 머무르려고
열 송이씩 곱게 엮어진 장미 화관을
정성되이 어머니께 바치니
매괴의 여왕이신 어머니시여
저희를 위하여 빌어주소서.

하늘가는 인생길

똑같은 세월을 살아가면서
어떤 이는 인생이 길다 하고
어떤 이는 인생이 짧다 하네
누구라도 걱정과 근심을 가슴에 안고
결코 만만치 않는 인생살이를 살아가기에
애수에 찬 채 험난한 여정길을 떠나가는
사람 사람들 모습이어라
덧없이 흘러가는 삶의 벅찬 소용돌이 속으로
휘돌아 가며 그래도 마음을 열고 하늘을 우러러
땅보다는 하늘에 희망을 둔 채 지혜로이
살아가는 것이 인생살이의 보람된 방식이리라
오늘도 하늘에 마음을 두고
하늘 노래 부르며
하늘 인생길을 떠나간다.

누구라도 그러하듯이

누구라도 그러하듯이
말 많고 탈 많은 세상을 살다보면
사랑도 있고 미움도 있어요
기쁨도 있고 슬픔도 있어요
한때는 웃다가 한 때는 울다가
사람들은 선과 악의 갈림길에서
고민하며 살아가다 보면 자신도 모르게
세월은 어느새 저만치 흘러갑니다
인간사 모든 사연을 겪으며 살아가는 길에
미움으로 울지 말고
사랑으로 웃으면서 살아가요
누구라도 그러하듯이
지나간 세월에는 삶의 후회가 남는 것
어제를 거울삼아 기쁜 마음으로
오늘을 살아가며 가슴을 활짝 열고
세상살이 하루하루의 삶에
보람을 느끼며 살아가요
하늘나라를 꿈꾸며 살아가요.

배려하는 삶

어둠이 판을 치는 세상이련만
그래도 선한 마음으로 자신을 내어준 채
서로가 서로를 배려해주는 사람들이 있기에
살맛나는 세상입니다
남을 배려한다는 것은
겸손한 마음으로 다른 사람을 섬긴다는 것
어차피 인생은 다른 사람들과 어깨를 맞대고
더불어 살아가는 것이기에 나보다는
다른 사람을 먼저 이해하고 배려하며
너와 나는 우리가 되어 공동체적 사랑을 실천하는
사람들이 있기에 아름다운 세상입니다.

성경식 제5시집

인
/
생

초판 인쇄　2024년 8월 25일
초판 발행　2024년 8월 30일

지은이　성경식
펴낸이　강신용
펴낸곳　문경출판사
주　소　34623 대전광역시 동구 태전로 70-9 (삼성동)
전　화　(042) 221-9668~9, 254-9668
팩　스　(042) 256-6096
E-mail　mun9668@hanmail.net
등록번호　제 사 113

ⓒ 성경식, 2024

ISBN 978-89-7846-855-8　03810

값 12,000원

* 무단 복제 복사를 금함
* 잘못된 책은 교환해드립니다.

・이 책은 한국예술인복지재단 지원으로 제작하였습니다.